BEI GRIN MACHT SICH IHR WISSEN BEZAHLT

AF153473

- Wir veröffentlichen Ihre Hausarbeit,
  Bachelor- und Masterarbeit

- Ihr eigenes eBook und Buch -
  weltweit in allen wichtigen Shops

- Verdienen Sie an jedem Verkauf

**Jetzt bei www.GRIN.com hochladen
und kostenlos publizieren**

Angewandte Statistik. Computerkompetenz im Zusammenhang mit der Nutzung von Künstlicher Intelligenz

Tobias Schweiger

Bibliografische Information der Deutschen Nationalbibliothek:

Die Deutsche Nationalbibliothek verzeichnet diese Publikation in der Deutschen Nationalbibliografie; detaillierte bibliografische Daten sind im Internet über http://dnb.d-nb.de abrufbar.

ISBN: 9783346853349
Dieses Buch ist auch als E-Book erhältlich.

Fakultät für Betriebswirtschaft

Wintersemester 2022

Präsentationsunterlage

Kurs: Forschungsmethoden und angewandte Statistik

Computer Kompetenz und Absicht KI zu nutzen

vorgelegt von

Tobias Schweiger

5. Semester

Tag der Einreichung: 25.12.2022

Inhaltsverzeichnis

1.Einleitung 1

2. Forschungsstand & Hypothesen 3

2.1 Theoretischer Hintergrund 3

2.2 Forschungsfragestellung und Hypothesen 5

3. Methode 6

3.1 Stichprobe 7

3.2 Messinstrumente 9

3.3 Untersuchungsdesign und Vorgehen 10

4. Ergebnisse 11

4.1 Datenaufbereitung 12

4.2 Ergebnisse der 1. Hypothese 13

4.3 Ergebnisse der 2. Hypothese 14

4.4 Ergebnisse der 3. Hypothese 16

5. Diskussion 17

Abbildungsverzeichnis

Abbildung 1: Computer Kompetenz und Absicht KI zu nutzen 1

Abbildung 2: KI-Nutzung & Computer Kompetenz 3

Abbildung 3: Hypothesen 5

Abbildung 4: Methode 6

Abbildung 5: Stichproben-Fragen 7

Abbildung 6: Reliabilitätstest 9

Abbildung 7: Datenaufbereitung 11

Abbildung 8: Korrelationsanalyse 13

Abbildung 9: Regressionsanalyse 14

Abbildung 10: T-Test 16

Abbildung 11: Diskussion 17

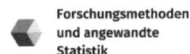

Computer Kompetenz und Absicht KI zu nutzen

Tobias Schweiger 12.12.2022

Abbildung 1: Computer Kompetenz und Absicht KI zu nutzen (Schweiger, erstellt mit Canva)

1. Einleitung

KI verbreitet sich immer weiter in der Welt und wird stetig mehr zum Trend. Dabei spielt diese nicht nur eine Rolle in der Vorstellung von Science-Fiction, wobei hier KI-Roboter bedienen, sondern wird auch heute bereits seit einiger Zeit in Computerprogrammen oder Maschinen eingesetzt. Die KI vereinfacht hierbei enorm das Leben und nimmt eine Menge Arbeit ab. Rechenleistungen oder eine Vielzahl an Vorgängen muss so nicht mehr der Mensch durchführen und wird großteils vom Computer selbst übernommen. Die Vorteile ergeben sich hierbei von selbst. Neben der Zeiteinsparung, wird auch der Aufwand so weit wie möglich minimiert. Auch alltägliche Entscheidungen werden durch den Einsatz von Algorithmen getroffen und schwer verständliche Probleme können so vereinfacht werden.[1]

Auch in Deutschland wird KI immer mehr eingesetzt und hier auch eine Menge Geld investiert. Beispielsweise gaben deutsche Unternehmen im Jahr 2019 rund 4,8 Milliarden Euro aus, um diese einzuführen, zu pflegen oder zu entwickeln. Ein Vorteil hier zeigt auch der Umsatz. Durch den Einsatz von KI zur Erstellung von Produkten oder Dienstleistungen, wurden knapp 60 Milliarden Euro Umsatz generiert. Die Menge an Personen, die in Deutschland in der KI tätig sind, belaufen sich auf 50 Tausend und weitere 89 Tausend sind zum Teil damit beschäftigt. Diese eigenständige Lösung für Probleme ist

---

[1] Vgl. Käde/Von Maltzan, 2020.

also im gesamten sehr beliebt und kann vor allem im produzierenden Gewerbe eine Menge Vorteile schaffen.[2]

Das Gegenstück zur KI bildet der Mensch. Währenddessen die KI immer mehr Aufgaben abnimmt, ist es immer noch der Mensch, der vor dem Computer sitzt und diese aktiviert oder die Voraussetzungen schafft. Ohne das Verständnis des Menschen die KI nutzen zu können oder zu wollen, würde diese wohl gar nicht erst funktionieren. Um diese Voraussetzung zu schaffen, die KI überhaut zu nutzen, muss eine gewisse Kompetenz in der Nutzung von Computern vorliegen. Hierzu zählen mehrere Faktoren die später noch erläutert werden. Diese Computer Kompetenz umfasst vorallem die Anwendung von Technologien der Informationsgesellschaft und so das Wissen wie man Informationen abruft, speichert oder verarbeitet. Auch die Kommunikation über Computer spielt eine Rolle. Hierbei bilden die Kenntnisse über wichtige Computeranwendungen eine entscheidende Grundlage.[3]

Die Ausgangsfragestellung über die beiden Faktoren, KI und die Computerkompetenz lautet, ob die Nutzung von KI damit zusammenhängt, ob man nun gleichzeitig auch eine große Kompetenz in der Nutzung mit Computern hat oder ob diese auch weniger vorhanden sein kann. Dies würde beispielsweise bestätigen, ob ein großes Vorwissen eine Grundvoraussetzung ist, wenn es darum geht KI zu nutzen. Aber auch lässt sich ein Bild erkennen, ob die Nutzung von KI vermehrt genutzt wird, wenn zuvor eine große Computer Kompetenz vor lag, um zu sehen, ob man deshalb mehr auf Schulungen im Bereich Computer setzen sollte. Die Vorteile die KI zu nutzen steht eigentlich nicht zur Frage. Daher sollte ein Zusammenhang nachgewiesen werden oder widerlegt werden, um zu einem Ergebnis zu kommen.

---

[2] Vgl. Rammer et al., 2020.
[3] Vgl. Huemer, 2017.

KI-Nutzung & Computer Kompetenz

- 4,8 Milliarden € für KI in 2019
- 60 Milliarden € Umsatz generierung
- 74% können Internetrecherchen durchführen

- 50 Tausend Menschen nutzen KI
- Weitere 89 Tausend daran beteiligt
- 61% beherrschen Office Programme

- Einsatz in Computerprogrammen
- Entscheidungen durch Algorithmen
- 14% beherrschen Programmiersprachen

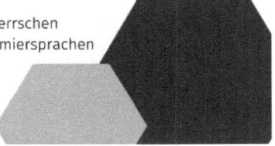

Abbildung 2: KI-Nutzung & Computer Kompetenz (Schweiger, erstellt mit Canva)

2. Forschungsstand & Hypothesen

Wenn es nun darum geht, die eben genannte Frage zu beantworten, muss man die bisherige Forschung bis heute betrachten. Studien um zu erkennen ob KI mit Computerkompetenz zusammenhängt, gibt es natürlich noch nicht so lang wie andere Studien. KI wird immer weiterentwickelt und jedes Jahr besser, jedoch gibt es diese verhältnismäßig noch nicht besonders lange. Außerdem ist die KI auch noch bei weitem nicht so ausgereift wie es sich viele vorstellen, da diese natürlich noch nicht alle Arbeitsprozesse in der Welt abnimmt.

2.1 Theoretischer Hintergrund

Bereits 1936 wurde durch die Turingmaschine ein erster Meilenstein gelegt, da hier die ersten Algorithmen für Maschinen geschaffen wurden. 1966 wurde der erste automatische Chatbot erschaffen, wobei KI 1972 in die Medizin gelangte und bis 2011 durch Sprachassistenten und Einzug in die Software, sowie Hardware fand. Das Problem an der KI liegt darin, dass diese meist nur alle erdenklichen Möglichkeiten vorausrechnet und so beispielsweise 1997 im Schach einen Menschen besiegen konnte. Hierbei ist jedoch nicht die Rede von einem selbst denkenden Computer.[4] Die Kompetenz einen Computer zu bedienen oder auch anders genannt die digitale Kompetenz, steigt seit der Erfindung

---

[4] Vgl. Bosch, 2018.

3

des Computers natürlich stetig. Wie bereits erwähnt gehören zur digitalen Kompetenz viele Faktoren. Beispielsweise sind 74% der Menschen in Deutschland in der Lage, eine Internetrecherche mit mehreren Quellen durchzuführen oder aber auch 63% können seriöse von unseriösen Nachrichten unterscheiden. Auch die Anwendung von Office Programmen beherrschen 61% der Nutzer. Hingegen zu diesen Daten beherrschen gerade einmal 14% Programmiersprachen.[5]

Da es das Ziel sein sollte Computer Kompetenz in der Zukunft weiter zu steigern und so in allen Bereichen eine Verbesserung zu erzielen, hängt damit theoretisch zwangsweise auch die gleichzeitige Nutzung einer KI zusammen, da diese gleichzeitig auch stetig verbessert wird und Meilensteine erreicht. Nun stellt sich die Frage, ob durch eine gleichzeitig steigende Computerkompetenz auch die KI vermehrt genutzt wird. Leider lassen sich bislang nicht genug, bis kaum Statistiken oder Daten auffinden, die einen direkten Zusammenhang beweisen zu versuchen oder darauf Bezug nehmen. Was klar ist, ist das künstliche Intelligenz im Unternehmen zunimmt und diese sich häufig fragen, ob das Potential der Beschäftigten ausreichend ist, um diese Technologie nutzbar zu machen. Dafür nötig, sind laut Pfeiffer, spezifische Programmierkenntnisse in der IT-Abteilung, aber auch neue Kompetenzen in den anwendenden Fachabteilungen. Hier müssen diese verstehen, diese Technologien zu nutzen und die Potenziale und Grenzen zu erkennen.[6] Ob auch grundlegendes Verständnis von Computern, beispielsweise von Nutzung der Office Programme oder das Versenden der Emails mit der Nutzung von KI zusammenhängt, wurde hier jedoch nicht erwähnt.

Auch im Buch Kompetenzentwicklung für KI, welches ebenfalls durch das Bundesministerium für Bildung und Forschung gefördert wurde, wird erwähnt, dass KI eine Veränderung im Arbeitsalltag hervorruft und so auch eine Anpassung der Kompetenz für Beschäftigte darstellt. Hierzu zählen nicht nur technische, sondern auch soziale Dimensionen. Gemeint sind damit vor allem Fach und Grundwissen im Umgang mit KI-Systemen.[7] Es wird aber auch eine Kompetenzentwicklung genannt, welche nötig dafür ist, mit KI-Systemen überhaupt umgehen zu können und um diese zu nutzen. Denn KI ist kein Ist-Zustand, sondern entwickelt sich stetig und lernt bei der Arbeit mit Menschen dazu.[8] Aber auch hier wird kein direkter Bezug von Computerkompetenz auf häufigere Nutzung

---

[5] Vgl. Brandt, 2021.
[6] Vgl. Pfeiffer, 2020.
[7] Vgl. Andre/ Bauer, 2021, S. 3f.
[8] Vgl. Andre/ Bauer, 2021, S. 7.

von KI genommen, sondern nur ein Zusammenhang gegeben, inwiefern Computerkompetenz dazu nötig ist, überhaupt KI nutzen zu können.

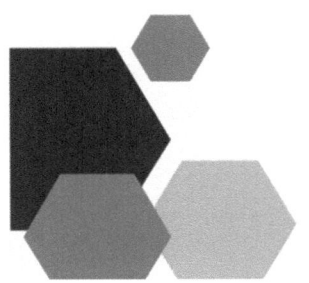

Hypothesen

Zusammenhangshypothese

Je mehr Computer Kompetenz es gibt, desto mehr nutzt man die KI

Kausalhypothese

Mehr Computer Kompetenz führt zu häufiger Absicht KI zu nutzen

Unterschiedshypothese

Männer sind kompetenter bei der Nutzung von Computern als Frauen

Abbildung 3: Hypothesen (Schweiger, erstellt mit Canva)

2.2 Forschungsfragestellung und Hypothesen

Um zu klären, ob nicht nur ein Zusammenhang besteht, Computerkompetenz an die Nutzung von KI anzupassen, sondern KI auch vermehrt zu nutzen, wenn eine größere Computerkompetenz besteht, wird nun versucht mit verschiedenen Hypothesen einen Zusammenhang zu deuten. Durch die Recherchen hat sich ergeben, dass in der Vergangenheit bislang nur untersucht wurde, welch großer Anteil an Computerkompetenz vorhanden ist und wie weit die KI bis jetzt entwickelt wurde. Auch gibt es Artikel und Vorschläge, Kompetenzen von beispielsweise Beschäftigten anzupassen, um KI zu nutzen. So gibt es jetzt genug Gründe Hypothesen aufzustellen und auszuwerten, ob es auch einen Zusammenhang mit häufiger KI-Nutzung durch Computerkompetenz gibt. Diese werden mithilfe von Befragungen verschiedener Menschen durchgeführt, um so letztendlich diese Ergebnisse auszuwerten und einen Entschluss zu ziehen. Hierbei stellt die Nutzung von KI eine abhängige Variable dar und ist so abhängig von der unabhängigen Variable, welche Computerkompetenz darstellt. Unterschieden wird hierbei zwischen 3 Hypothesen.

Die Zusammenhangshypothese besagt: Je mehr Computerkompetenz es gibt, desto mehr nutzt man die KI. Die Fragestellung hierzu ist, ob es einen Zusammenhang zwischen Computerkompetenz und der Absicht KI zu nutzen gibt.

Die zweite und damit die Kausalhypothese besagt: Mehr Computerkompetenz führt zu häufiger Absicht KI zu nutzen. Hier stellt sich die Frage in welchem Ausmaß sich Computerkompetenz eignet, um die Absicht KI zu nutzen vorherzusagen.

Die Unterschiedshypothese besagt: Männer sind kompetenter bei der Nutzung von Computern als Frauen. Die Fragestellung hierzu ist, inwieweit sich Männer und Frauen bei der Nutzung von Computerkompetenz und somit der Nutzung von KI unterscheiden.

Abbildung 4: Methode (Schweiger, erstellt mit Canva)

3. Methode

Um nun einen Zusammenhang zwischen der Computerkompetenz und einer daraus entstehenden Nutzung von KI zu beweisen oder zu widerlegen, wird eine Onlinebefragung mit verschiedenen Ankreuzmöglichkeiten, welche zuvor per WhatsApp verschickt wurde, bei mehreren Personen durchgeführt. Diese Ergebnisse sollen dann durch das Computerprogramm SPSS ausgewertet werden und so zu einem Ergebnis führen. Durch diese Stichprobe der befragten Personen wird zuerst einmal eine Häufigkeitsverteilung demographischer Daten aufgelistet.

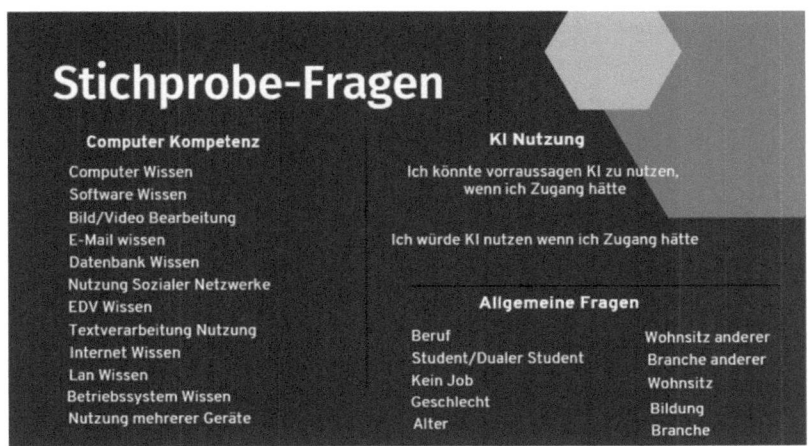

Abbildung 5: Stichproben-Fragen (Schweiger, erstellt mit Canva)

3.1 Stichprobe

Diese Befragung startete am 21.11.2021 und endete am 24.11.2021. Hierbei wurden natürlich verschiedene Fragen gestellt die sich nicht nur mit der persönlichen Situation wie dem Beruf, dem Alter, dem Abschluss oder dem Geschlecht befassen, sondern auch mit Computer bezogenen Fragen, wie über das Wissen von Betriebssystemen, Software, Social Media oder wie häufig man mehrere Endgeräte nutzt. Die wohl wichtigsten Fragen, um auf die Hypothesen einzugehen sind, ob man KI nutzen würde, wenn man Zugang hat oder ob man voraussagen könnte es zu nutzen, wenn man Zugang zur KI hat. Hier wird im späteren Verlauf auch ein Filter eingebaut, um nur eine bestimmte Altersgruppe zu befragen. Zusätzlich soll hier auch ein Wohnsitz vorhanden sein, sowie ein Beruf und dualer Student. Das Alter zieht sich dabei zwischen 16 und 67 Jahre, wobei neben den anderen Filterkriterien alle 128 Teilnehmer nach Datenreinigung darauf zu treffen. Wenn man sich an dieser Stelle die deskriptiven Statistiken ansieht, erkennt man, dass beispielsweise die Umfragedauer bei 13 (SD = 13,13) liegt. Das Durchschnittsalter der Teilnehmer nach Reinigung der Daten, liegt hier bei 38 (SD = 38,36). Gleichzeitig war der jüngste Teilnehmer 23 Jahre alt und der älteste Teilnehmer 65 Jahre alt. Wichtig für die Analyse und daher auch für die Häufigkeitsverteilung ist, dass bei der Umfragedauer 4 ungültige Daten vorhanden waren welche daher als fehlende Daten gekennzeichnet wurden. Gültige Teilnehmer gab es daher bei dieser Häufigkeit nur 124. Berufstätige Teilnehmer, welche mindestens Teilzeit beschäftigt sind, gab es 116 welche bei quoted stehen und 12 bei not quoted. Duale Studenten gab es 115 bei not quoted und 13 bei quoted. Befragte welche nur Studenten oder Studentinnen waren, gab es 123 bei not quoted und 5 bei quoted. Wie bereits beschrieben, gab es 128 bei not quoted, wenn es darum geht, keines von diesen Möglichkeiten zu haben. Ebenfalls der Wohnsitz ist bei allen 128 Teilnehmern in Deutschland und somit vorhanden. Gleichzeitig gibt es so keine Angaben zu Wohnsitzen anderer, da hier kein Ergebnis entstanden ist. Das Geschlecht ist folgendermaßen aufgeteilt. Hierbei waren 69 Teilnehmer männlich und 59 Teilnehmer weiblich. Somit sind 53,9% der Befragten männlich und 46,1% weiblich. Bei der Bildung gab es die Auswahl zwischen einem Fachhochschulabschluss, Abitur, Promotion, Hauptschule und Realschule. Dabei ergab sich folgende Aufteilung. 53 der Befragten haben einen Fachhochschulabschluss und 32 ein Abitur. 25 besuchten die Realschule und 14 die Hauptschule. Die restlichen 4 besitzen eine Promotion. Der Arbeitsbereich erstreckt sich bei der Umfrage vom Vertrieb über Personalwesen, Produktion, Service, Marketing, IT, Finanzbereich, Herstellung und viele weitere. Um an dieser Stelle abzukürzen, werden nur die häufigsten Verteilungen genannt. 27 gaben an bei keinem dieser Bereiche tätig zu sein. 21 waren bei Kundendienstleistungen. 17 im Vertrieb und 15 im Personalwesen. Weitere 13 in der Produktion. Der Rest der Teilnehmer teilt sich weitestgehend gleichmäßig auf die restlichen Abteilungen auf. Lediglich einer war im Controlling tätig. Um den Arbeitsbereich der anderen noch genauer zu definieren, gab es noch die Auswahl zwischen beispielsweise Überbegriffen wie dem Bauwesen, Berufsschule, Einkauf, Einzelhandel, Gesundheit, Recht, Unterricht und ebenfalls viele weitere. Hier gaben jeweils zwischen ein und zwei Personen an, in einem der Bereiche tätig zu sein. Im Folgenden wird nun darauf eingegangen, einen Zusammenhang der verschiedenen Items durch Cronbachs α zu deuten. Dies geschieht mit der Reliabilitätsanalyse und soll die Grundlage für die darauffolgende Überprüfung der Hypothesen bilden.

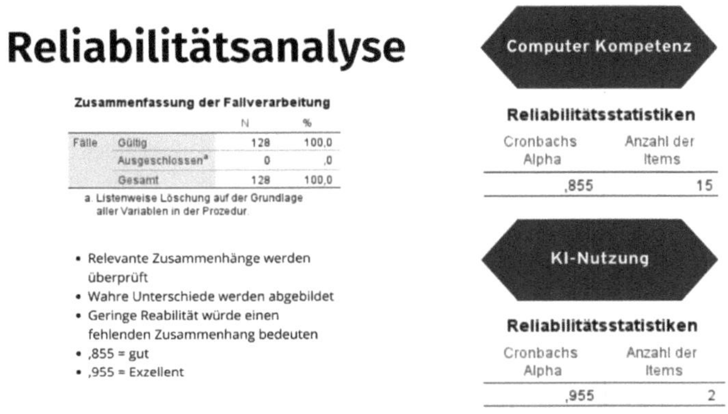

Abbildung 6: Reliabilitätsanalyse (Schweiger, erstellt mit Canva)

3.2 Messinstrumente

Im Folgenden wird nun die Reliabilitätsanalyse durchgeführt. Auf Grundlage, der wie in der Grafik zu erkennenden Zusammenfassung der Fallverarbeitung, werden alle 128 Teilnehmer verwendet und keiner ausgeschlossen. Somit werden in dieser Skalabeschreibung, Reliabilitätsstatistiken angegeben, welche die beiden Variablen, Computer und KI-Nutzung umfassen sollen. Diese haben wie notwendig, ein Metrisches Skalenniveau und jeweils mehr als ein Item. Diese Reliabilitätsanalyse ist notwendig, um relevante Zusammenhänge zwischen mehreren Variablen nachzuprüfen. Es geht hierbei darum, wahre Unterschiede abzubilden, was nur damit gelingt, wenn der Wert bei einer Reliabilität nach einer Messung hoch ist. Bei einer geringen Reliabilität können beispielsweise Messfehler durch verunreinigte Daten dazu führen, dass kein relevanter Zusammenhang gezogen werden kann und so die Analyse nicht ausreichend ist. Eine Reliabilität von 0,70 wird als ausreichend definiert, wobei eine Reliabilität über 0,90 als sehr hoch eingeschätzt wird. Unter 0,70 ist die Analyse fragwürdig und hat vermutlich keine wahre Aussage.[9]

Um beispielsweise nun die Computerkompetenz durch einen Reliabilitätstest zu überprüfen, werden 15 verschiedene Items verwendet. Dazu gehören: E-Mail-Wissen, Datenbankwissen, EDV-Wissen, Textverarbeitungsprogramm-Wissen, Internetwissen,

---

[9] Vgl. Danner, 2015.

Computerumgang, Computerzeitschriften Verwendung, Wissen zur Wiederherstellung von Daten, LAN-Wissen, Betriebssystemwissen, Computerprogrammwissen, Software-wissen, Bild-Videobearbeitungwissen, Nutzung von mehreren Endgeräten und die Ver-wendung von sozialen Medien. Diese Items bilden nun eine Skala und somit eine zusam-menhängende Item Gruppe. Um nun zu überprüfen, ob hinsichtlich der Qualität und Ein-schätzungen diese Konsistenz sind, wird eine interne Konsistenz durch das quantitative Maß Cronbachs α gegeben.[10]

Die Computerkompetenz wurde mittels dieser 15 Items in Anlehnung an Potosky, D und Bobko, P (1998) gemessen. Die interne Konsistenz dieser Items ist nach der Inter-pretation durch die gezeigte Grafik gut (Cronbachs α = ,855). Auch soll für die metri-sche Variable KI-Nutzung eine Reliabilitätsanalyse durchgeführt werden. Hier werden die 2 folgenden Items verwendet: Wenn ich Zugang zu KI hätte, würde ich es nutzen und wenn ich Zugang zu KI hätte, sage ich voraus, dass ich es nutzen werde. Die Ab-sicht KI zu nutzen, wurde mittels dieser zwei Items gemessen und die interne Konsis-tenz dieser Items ist in Anlehnung an Venkatesh, V und Davis, F. D (2000) exzellent (Cronbachs a= ,955). Somit kann gesagt werden, dass ein wahrer Zusammenhang inner-halb dieser Variablen durch die verwendeten Items bestätigt werden kann und somit nachfolgende Analysen durchgeführt werden können.

3.3 Untersuchungsdesign und Vorgehen

Bevor es nun darum geht alle Hypothesen zu beweisen oder zu widerlegen wird noch auf das Untersuchungsdesign eingegangen. Dabei wird geklärt, wie die Daten erhoben wur-den und auf welche Weise dies geschah. Hierbei wurden mehrere Menschen durch eine Onlineumfrage befragt, wobei in dieser die bereits erwähnten Fragen zur allgemeinen Computerkenntnis oder zur möglichen Nutzung von KI gestellt wurden. Vor allem wurde darauf geachtet, verschiedene Altersgruppen zu befragen und auch bei den Geschlechtern relativ ausgeglichen zu sein. Dabei kam also die quantitative Methode Onlinebefragung per WhatsApp ins Spiel. Diese kam zusammen mit der Strategieumfrage daher und bildet so das Vorgehen dieser Analyse. Außerdem gab es in der Umfrage verschiedene Item Typen. Neben offenen Fragen, welche eigene Antworten benötigen, gab es wie bereits erwähnt auch viele geschlossene Fragen mit Antwortmöglichkeiten. Weiterhin gab es

---

[10] Vgl. Schecker, 2014.

zum Beispiel auch eine Rangliste, bei der man angeben konnte, auf welcher Unternehmensposition man sich gerade sieht. Desweiteren wird beim Vorgehen SPSS verwendet, um wie bereits im Verlauf der Studienarbeit beschrieben, nicht nur Reliabilitätsanalyse und Häufigkeitsverteilung, sondern auch mehrere Tests durchzuführen, um einen Zusammenhang zwischen Computerkompetenz und der Nutzung von KI zu beweisen oder zu widerlegen. Letztendlich wurden so vor der Datenreinigung 150 Menschen über eine Onlineumfrage befragt. Der Zeitraum erstreckte sich hierbei vom 21.11.2021 bis zum 24.11.2021.

4. Ergebnisse

Wie bereits erwähnt konnte nach den gesammelten Daten durch die Umfrage ein guter bis hin zu einem exzellenten Zusammenhang nachgewiesen werden, um diese nun auszuwerten. Nach dem Reliabilitätstest hat sich gezeigt, dass die interne Konsistenz gute Werte besitzt. Und auch nach Auswertung der Häufigkeitsverteilung und Bereinigung, sodass noch 128 Teilnehmer da waren, konnte eine Basis für die folgenden Tests erstellt werden. Alle Daten sind zu diesem Zeitpunkt über SPSS gesammelt und können nun überprüft werden.

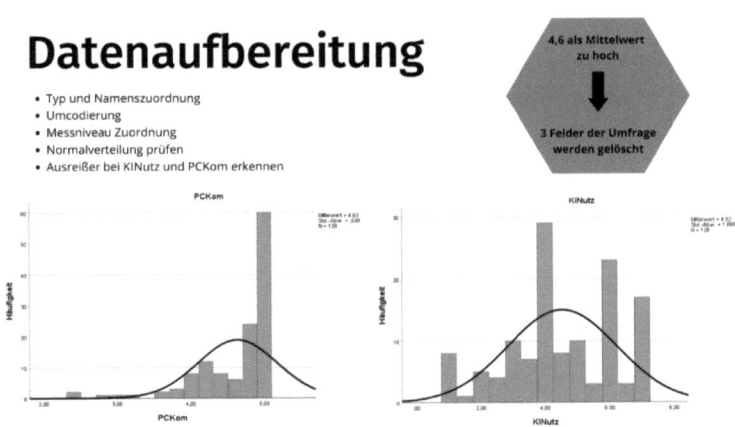

Abbildung 7: Datenaufbereitung (Schweiger, erstellt mit Canva)

4.1 Datenaufbereitung

Zuvor muss allerdings noch eine Datenaufbereitung erfolgen. In SPSS werden, die bereits bei den Messinstrumenten genannten Items, definiert und Namen sowie eine Typzuordnung gegeben. Wie in der Grafik zu erkennen, werden so die Namen in der Tabelle abgekürzt und aufgelistet. Zudem wird unterschieden zwischen verschiedenen Messniveaus. Hierbei gibt es nominal, ordinal oder metrisch. Um eine Überprüfung durchführen zu können, müssen diese jeweils angepasst werden. Beispielsweise erhält die Umfragedauer ein metrisches Messniveau und der Beruf sowie der Wohnsitz oder aber auch das Geschlecht ein nominales Messniveau. Weitere Anpassungen gibt es bei allen Computerkompetenz Items. Hierbei werden alle 15, inklusive des Starts und das Ende der Umfrage auf ein ordinales Messniveau angepasst. Durch die zuvor erstellten Variablen Computerkompetenz, welche alle 15 Items enthalten sowie die KI-Nutzung, welche die restlichen 2 Items enthält, haben diese beiden ein metrisches Messniveau erhalten. Hierzu zählt auch das Alter. Des Weiteren wird wie bereits am Anfang der Studienarbeit erwähnt, ein Filter erstellt, welcher alle Personen umfasst, welche zur notwendigen Stichprobe gehören. Dieser Filter umfasst wie bereits erwähnt alle über 16 Jahre und unter 67 Jahre, sowie den Besitz eines Wohnsitzes und entweder einen Beruf oder auch ein dualer Student. So konnte nach der Datenreinigung eine Anzahl von 128 Teilnehmer bestehen bleiben. Der Durchschnitt war hierbei 38,4 (SD=12,8). Nach der bereits beschriebenen Häufigkeitsverteilung ist hier auch deutlich, dass ein falscher Wert entstanden ist. Die -1 bei der Gültigkeit muss nun als fehlend definiert werden, da diese sonst keinen Sinn machen würde. Ebenfalls mussten Variablen umcodiert werden. Da durch negativ gestellte Fragen ein rotes R neben den Variablen erscheint, muss in SPSS eine Transformation in andere Variablen durchgeführt werden. Dies geschieht durch eine Umkehrung, damit die Frage nicht mehr negativ gestellt wird. Ein sehr wichtiger Teil beinhaltet noch die Prüfung, ob die Verteilung nun Nominalverteilt oder nicht nominalverteilt ist. Wenn zweiteres der Fall ist, müssen gegebenenfalls einige Werte entfernt werden, sonst gibt es einige Ausreißer, die die Analyse verfälschen.

Die Werte für Schiefe und Kurtosis sollten hierbei nach Gravetter und Wallnau (2014) zwischen -2 und 2 liegen. Wie auf der Grafik hier zu erkennen, ist der Wert bei der KI weitestgehend im grünen Bereich, wobei die Werte für PC-Kompetenz mit einer 4,610 viel zu hoch sind. Um eine Normalverteilung zu erreichen, werden hier 3 Felder in der Tabelle gelöscht um so die Zahl bei der Kurtosis zu verkleinern.

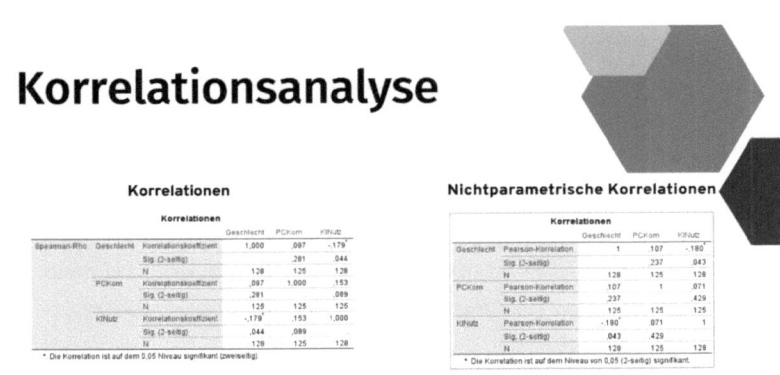

Abbildung 8: Korrelationsanalyse (Schweiger, erstellt mit Canva)

4.2 Ergebnisse der 1. Hypothese

Nun da alle Daten gesammelt, aufbereitet und gereinigt sind, können die Hypothesen untersucht werden. Gestartet wird hierbei mit der Zusammenhangshypothese. Diese soll anhand der Korrelationsanalyse näher untersucht werden. Diese Analyse nach Pearson ist die am häufigsten eingesetzte Kennzahl, um zu ermitteln, ob es eine Abhängigkeit zwischen 2 Variablen gibt. Hierbei muss zuvor eine Nominalverteilung herrschen, was durch die Datenbereinigung und Aufbereitung bereits geschehen ist. Auch muss ein linearer Zusammenhang herrschen. Durch die Analyse entstehen verschiedene Werte zwischen -1 und 1. 1 steht für einen perfekten Zusammenhang, wobei 0 für keinen Zusammenhang steht.[11] Wie in der Grafik zu erkennen ist, werden Sternchen vergeben, wobei ein Sternchen für einen kleinen Zusammenhang steht und mehrere Sternchen für einen größeren Zusammenhang. Für diesen Test werden die Variablen Geschlecht, Computerkompetenz und KI-Nutzung verwendet. Zuerst werden die beiden Variablen, Computerkompetenz

---

[11] Vgl. Siebertz et al., 2017, S. 381 f.

und Akzeptanz von KI verglichen. Da diese beiden ein metrisches Messniveau haben, wird die Analyse nach Pearson durchgeführt. Wie die Resultate zeigen, besteht kein Zusammenhang zwischen Computerkompetenz und Akzeptanz von KI. Wie die Grafik zeigt, gibt es kein Sternchen und so auch keinen Zusammenhang nach Pearson.

Neben der Korrelation nach Pearson, gibt es auch die Korrelation nach Spearmann. Diese unterscheidet sich kaum von der ersteren und wird genauso berechnet, jedoch liegt der Unterschied darin, dass hier auch ordinale Messniveaus mit metrischen Messniveaus verglichen werden können. Bei der Pearson Korrelation werden lediglich metrische Messniveaus verglichen. Daher nennt man die Spearman Korrelation auch Rangkorrelationskoeffizient.[12] Im nächsten Schritt wird noch das Geschlecht mit der Akzeptanz von KI verglichen. Da es sich bei dem Geschlecht um ein nicht metrisches Messniveau handelt, wird der Zusammenhang nach Spearmann untersucht. Wenn man sich nun die nichtparametrische Korrelation auf der Grafik von SPSS ansieht, kann man erkennen, dass es einen kleinen negativen Zusammenhang zwischen Geschlecht und Akzeptanz von KI gibt, da $R=.-18\ p < 0,05$.

Zusammenfassend muss diese Hypothese allerdings verworfen werden, da durch das fehlende Sternchen zwischen KI und Computerkompetenz kein Zusammenhang nachgewiesen werden kann. So kann gesagt werden, dass je mehr Computerkompetenz es gibt, desto mehr nutzt man die KI nicht stimmt.

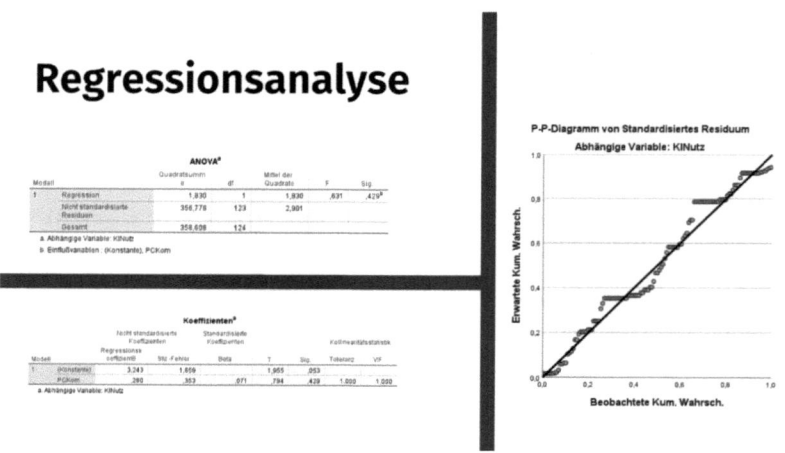

Abbildung 9: Regressionsanalyse (Schweiger, erstellt mit Canva)

---

[12] Vgl. Engelhardt, 2015.

4.3 Ergebnisse der 2. Hypothese

Mit der Regressionsanalyse wird nun die zweite Hypothese, bei der es sich um die Kausalhypothese handelt, untersucht. Diese lautete: Mehr Computerkompetenz führt zu häufiger Absicht KI zu nutzen. Die Regressionsanalyse spielt hierbei eine wichtige Rolle, um basierend auf dem Wert einer Variable, andere Variablen vorherzusagen. Hierbei wird die abhängige Variable gesucht. In diesem Fall ist die abhängige Variable wie bereits am Anfang der Studienarbeit erwähnt, die Absicht zur Nutzung der KI. Der Vorteil an der Regressionsanalyse liegt darin, dass diese relativ einfach zu berechnen und zu interpretieren ist und in verschiedensten Bereichen angewendet werden kann. Auch hier müssen einige Voraussetzungen getroffen werden, um diese überhaupt durchzuführen. Dazu gehört wieder die Aussortierung der Ausreißer, welche bereits bei der Datenbereinigung erfolgt ist. Auch muss eine Normalverteilung herrschen und die Beobachtungen müssen unabhängig voneinander sein.[13]

Wenn nun die Analyse mit der unabhängigen Variable Computerkompetenz und die abhängige Variable KI-Nutzung durchgeführt wird, entstehen 2 Tabellen wie in der Grafik zu erkennen. Zu erkennen ist die ANOVA und die Koeffizienten Tabelle. Es würde einen Zusammenhang geben, wenn $p < 0{,}05$ wäre. Jedoch ist wie zu erkennen bei Sig ,429. Daraus lässt sich schließen, dass keine signifikante Abhängigkeit besteht und so die Hypothese verworfen werden kann.

PCKom (B = .28, SE = .353, β =.071) erweist sich als nicht signifikanter Prädiktor für KINutz, $F(1{,}123) = 0{,}631$, $p = .429$. Insgesamt wurde aber nur 0,3% des erhöhten KINutz durch das Modell erklärt. Wenn sich die PCKom um eine Einheit ändert, erhört KINutz um 28. Somit gibt es auch keinen Grund sich noch die Koeffizientantabelle anzuschauen und auch hier besteht durch die fehlende Abhängigkeit eine Widerlegung der Hypothese.

---

[13] Vgl, IBM, 2022.

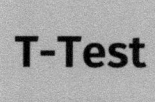

Test bei unabhängigen Stichproben

		Levene-Test der Varianzgleichheit		T-Test für die Mittelwertgleichheit							95% Konfidenzintervall der Differenz	
						Signifikanz		Mittlere	Differenz für			
		F	Sig.	T	df	Einseitiges p	Zweiseitiges p	Differenz	Standardfehler		Unterer Wert	Oberer Wert
KINutz	Varianzen sind gleich	,603	,439	2,049	126	,021	,043	,60943	,29747		,02074	1,19812
	Varianzen sind nicht gleich			2,050	123,292	,021	,042	,60943	,29724		,02107	1,19780
PCKom	Varianzen sind gleich	2,915	,090	-1,189	123	,118	,237	-,09223	,07760		-,24592	,06137
	Varianzen sind nicht gleich			-1,211	121,236	,114	,228	-,09223	,07613		-,24295	,05849

Männer berichten weniger PCKom (M = 4,63, SD = ,48) als Frauen (M = 4,73, SD = ,36)

Signifikanter Effekt bezüglich Geschlecht auf PCKom, t(123) = -1,18, p < .05

Abbildung 10: T-Test (Schweiger, erstellt mit Canva)

4.4 Ergebnisse der 3. Hypothese

Im letzten Schritt wird noch die dritte und somit die Unterschiedshypothese überprüft. Diese lautete: Männer sind kompetenter in der Nutzung von Computern als Frauen. Um diese Hypothese zu untersuchen wird ein T-Test verwendet. Ein T-Test ist der am häufigsten verwendete Test, um Mittelwerte zu betrachten. Hierbei ist es egal, ob mehrere oder nur 2 Mittelwerte verglichen werden. Unterschieden wird hierbei zwischen unabhängigen und abhängigen Stichproben. Da die Beobachtungen hier unabhängig sind, werden auch nur unabhängige Stichproben durchgeführt. In SPSS wird geprüft, ob sich die Stichprobe von einem vorher definierten Wert unterscheidet.[14]

Als Variablen werden einmal die KI-Nutzung, die Computerkompetenz und dazu jeweils männlich und weiblich zum Vergleich genommen. Auch hier gilt wieder das $P < 0,05$ sein muss, damit ein signifikanter Zusammenhang besteht. Wenn man nun auf die Hypothese bezogen, sich die Computerkompetenz näher ansieht, wird klar, dass bei weiblich in Kombination mit der Computerkompetenz $0,04 < 0,05$ ist und somit ein Zusammenhang besteht. Das bedeutet, dass laut der Auswertung des T-Tests, Frauen mehr Computerkompetenz haben als Männer. Denn Männer haben bei Betrachtung des Mittelwerts

---

[14] Vgl. Busching, 2016.

0,058 > 0,05 und somit keinen signifikanten Zusammenhang. Da die Hypothese allerdings lautet, dass Männer eine höhere Computerkompetenz haben, wird auch diese Hypothese an der Stelle verworfen.

Zusammenfassend gilt: In einem T-Test für unabhängige Stichproben ergab sich ein signifikanter Effekt bezüglich Geschlecht auf PCKom, $t(123) = -1,18$, $p < .05$. Männer berichten weniger PCKom (M = 4,63, SD = ,48) als Frauen (M = 4,73, SD = ,36).

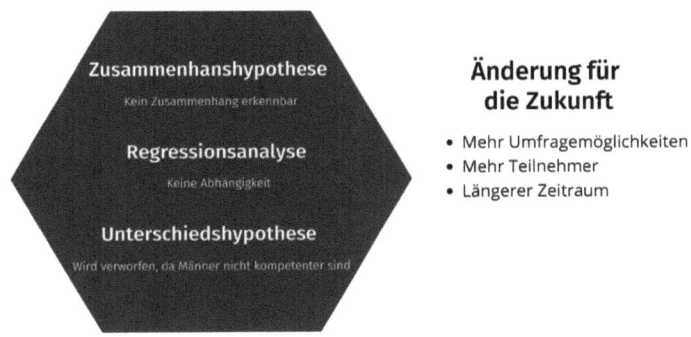

Abbildung 11: Diskussion (Schweiger, erstellt mit Canva)

5. Diskussion/Interpretation/Einschränkungen

Auch wenn durch die Realitätsanalyse zuvor ein exzellenter, beziehungsweise ein guter Zusammenhang nachgewiesen werden konnte, zeigen die Ergebnisse der Tests am Ende, dass keine der zuvor aufgeführten Hypothesen bewiesen werden kann. Jede wird widerlegt, da die Wahrscheinlichkeiten zu niedrig sind oder wie beim T-Test genau das andere Geschlecht kompetenter ist, als die Hypothese es vorausgesagt hat. Dadurch kann nach dem Test der Schluss gefasst werden, dass kein Zusammenhang zwischen Computerkompetenz und der dadurch häufigeren Nutzung von KI besteht. Andersherum könnte man meinen, dass es logisch ist, wenn KI durch eine höhere Computerkompetenz mehr genutzt wird, da ja zuerst eine gewisse Kompetenz vorhanden sein muss, um überhaupt KI zu verstehen und letztendlich dann auch anzuwenden. Wenn nun nach der Befragung der 150 Teilnehmer und der Bereinigung das Ergebnis zeigt, dass weder Männer kompetenter im Umgang mit Computern sind noch ein Zusammenhang zwischen Computerkompetenz und der KI-Nutzung besteht, könnte man meinen, dass es an den Teilnehmern selbst liegt, dass ein solches Ergebnis entsteht. Einschränkungen könnten zum Beispiel sein, dass in erster Linie generell zu wenig Menschen befragt wurden oder aber auch zufällig zu wenig Menschen mit Computerkompetenz befragt wurden. Auch könnte es sein, dass theoretisch zu viele Frauen mit überdurchschnittlicher Computerkompetenz bei der Befragung teilgenommen haben. Diese Einschränkungen können das Ergebnis am Ende beeinflussen und so kein eindeutiges Ergebnis hinsichtlich der Hypothese liefern. Wenn in zukünftigen Forschungen herausgefunden werden soll, ob ein Zusammenhang besteht, müssten über einen sehr viel längeren Zeitraum sehr viel mehr Menschen gefragt werden, wobei hierbei nicht nur Onlinebefragungen, sondern auch andere Arten von Befragungen ins Spiel kommen sollten.

Da bei einer Onlinebefragung weder nachgewiesen werden kann, ob derjenige wirklich Kompetenz hat oder ob er die Umfrage ernst nimmt, kann auch hier eine Verfälschung des Ergebnisses vorliegen. Beispielsweise könnte ein richtiges Interview oder zumindest die Befragung im echten Leben eine wichtigere Bedeutung haben.

Literaturverzeichnis

Andre, Elisabeth/ Bauer, Wilhelm, Lernende Systeme (2021): Kompetenzentwicklung für KI Veränderungen, Bedarfe und Handlungsoptionen, Online: https://www.plattform-lernendesysteme.de/files/Downloads/Publikationen/AG2_WP_Kompetenzentwicklung_KI.pdf (Zugriff: 11.12.2022)

Bosch (2018): Die Geschichte der künstlichen Intelligenz, Online: https://www.bosch.com/de/stories/geschichte-der-kuenstlichen-intelligenz/#:~:text=%201956%3A%20Die%20Geschichte%20beginnt%3A%20der%20Begriff%20%E2%80%9EKI%E2%80%9C,der%20menschlichen%20Intelligenz%20von%20Maschinen%20simuliert%20werden%20k%C3%B6nnen. (Zugriff: 09.12.2022)

Brandt, Mathias, statista (2021): Digitale Kompetenzen der Deutschen, Online: https://de.statista.com/infografik/25498/umfrage-zu-digitalkompetenzen-in-deutschland/ (Zugriff: 10.12.2022)

Busching, Robert, Statistik verständlich (2016): T-test mit SPSS – die Grundlagen, Online: https://www.statistik-verstaendlich.de/2016/02/t-test-spss/ (Zugriff: 15.12.2022)

Danner, Daniel, GESIS - Leibniz-Institut für Sozialwissenschaften (2015): Reliabilität – die Genauigkeit einer Messung, Online: https://www.gesis.org/fileadmin/upload/SDM-wiki/Archiv/Reliabilitaet_Danner_012015_1.0.pdf (Zugriff: 11.12.2022)

Engelhardt, Alexander, Crashkurz Statistik (2015): Spearman-Korrelation/ Rangkorrelation, Online: https://www.crashkurs-statistik.de/spearman-korrelation-rangkorrelation/ (Zugriff: 14.12.2022)

Huemer, Hermann, IICIIS (2017): Computerkompetenz, Online: https://iiciis.org/2017/09/01/was-ist-computerkompetenz/ (Zugriff: 09.12.2022)

IBM (2022): Lineare Regression, Online: https://www.ibm.com/de-de/analytics/learn/linear-regression (Zugriff:14.12.2022)

Käde, Lisa/ Von Maltzan, Stephanie, Report und Technik (2020): Die Erklärbarkeit von Künstlicher Intelligenz (KI), Online: https://www.degruyter.com/document/doi/10.9785/cr-2020-360115/html (Zugriff: 08.12.2022)

Pfeiffer, Sabine, SpringerLink (2020): Kontext und KI: Zum Potenzial der Beschäftigten für Künstliche Intelligenz und Machine-Learning, Online: https://link.springer.com/article/10.1365/s40702-020-00609-8 (Zugriff: 10.12.2022)

Rammer, Christian/ Bertschek, Irene/ Schuck, Bettina/ Demary, Vera/ Goecke, Henry, Econstor (2020): Einsatz von künstlicher Intelligenz in der Deutschen Wirtschaft: Stand der KI-Nutzung im Jahr 2019, Online: https://www.econstor.eu/handle/10419/222374 (Zugriff: 08.12.2022)

Schecker, Horst, ResearchGate (2014): Überprüfung der Konsistenz von Itemgruppen mit Cronbachs alpha, Online: https://www.researchgate.net/profile/Horst-Schecker/publication/313220515_Uberprufung_der_Konsistenz_von_Itemgruppen_mit_Cronbachs_alpha/links/58930007aca272f9a558c989/Ueberpruefung-der-Konsistenz-von-Itemgruppen-mit-Cronbachs-alpha.pdf (Zugriff: 13.12.2022)

Siebertz, Karl/ Van Bebber, David/ Hochkirchen, Thomas (2017): Statistische Versuchungsplanung (E-Book). Springer Vieweg, Berlin, Heidelberg, https://link.springer.com/chapter/10.1007/978-3-662-55743-3_11 (Zugriff: 13.12.2022)